박홍균 시집

여백의 길

박홍균 시집

여백의 길

초판인쇄 2018년 6월 26일
초판발행 2018년 7월 9일

지은이_ 박홍균
발행인_ 이현자
발행처_ 도서출판 현자

등 록_ 제 2-1884호 (1994.12.26)
주 소_ 서울시 중구 수표로 50-1(을지로3가, 4층)
전 화_ (02) 2278-4239
팩 스_ (02) 2278-4286
E-mail_001hyunja@hanmail.net

값 10,000원

ISBN 978-89-94820-36-1 03810

이 도서의 국립중앙도서관 출판예정도서목록(CIP)은 서지정보유통지원시스템 홈페이지(http://seoji.nl.go.kr)와 국가자료공동목록시스템(http://www.nl.go.kr/kolisnet)에서 이용하실 수 있습니다. (CIP제어번호 : CIP2018019737)

여백의 길

박홍균 시집

도서출판 현자

序文

시에 마음을 담고

시간의 재촉 속에 밀리고 밀려
칠순이 넘었으나
아직도 부족함 투성이

흔히 욕심이라 하나
내가 돌아본 내 뒷모습은
실패의 연속

그나마 이 나이에 아직도
펜을 놓고 싶지 않아
돋보기를 거듭 고쳐 쓰며
아집으로 졸작을 쓰고
있지 않나 싶네요
더욱 노력하겠습니다.

박홍균

차례

*序文 …5

1부 그리움으로

여백 …14
낯선 …15
소희 …16
버선목 …17
자존심 …18
체 …19
행세 …20
존재 …21
막연해 …22
애당초 …23
하루 해 …24
수정 …25
엉성한 …26
쑥대밭 …27
어서 가자고 …28
무딘 세월 …29
추억 …30
허상 …31
자아실현 …32
연명 …33
헛것 …34
헛수고 …35
두렵네 …36
아직 …37
넋 …38
사랑함이 …39
길목에서 …40

2부 어제와 오늘

그 자리 …*42*
신세 …*43*
역겹네 …*44*
착각 …*45*
아직도 …*46*
현실 …*47*
사랑 …*48*
속 …*49*
얼추 …*50*
헛손질 …*51*
한순간 …*52*
황혼 …*53*
어제와 오늘 …*54*
행선지 …*55*
형태 …*56*
허사 …*57*
기억 …*58*
허무 …*60*
시어 …*61*
시가 있어 …*62*
시 …*63*
시인의 하루 …*64*
시인 …*65*
시상 …*66*

3부 어쩔 수 없는

내민 손 …*68*
품 …*69*
틈 …*70*
젊음이 …*71*
내일은 …*72*
다시금 …*73*
조건부 …*74*
짐작 …*75*
빈자리 …*76*
마냥 …*77*
빛바랜 …*78*
그리움 …*79*
꿈 …*80*
단지 …*81*
시간 …*82*
온통 …*83*
사랑 …*84*
삶 …*85*
저절로 …*86*
흔적 …*87*
헛도는 …*88*
기약 …*89*
먼저 온 미래 …90
이름 …*91*
충동 …*92*
우리 …*93*
모두 …*94*

4부 모두 가자 하네

못하는 …96
다시는 2 …97
핑계 …98
자리 …99
다정한 이야기 …100
무딘 세월 …101
기억 …102
새로워 …103
미련 …104
길 …105
끝 …106
요구 …107
인연 …108
심사 …109
계절 …110
순간 …111
아련한 …112
오랜 기억 …113
흉내 …114
축간 세월 …115
현실 …116

5부 허무한 시간

사연 …118

헛욕심 …119

어설픈 하루 …120

석양 …121

헛발질 …122

내일 …123

어느 한시 …124

미처 …125

뉘우침 …126

덩달아 …127

불편함 …128

애련 …129

얼빠진 …130

안간힘 …131

환영 …132

헛기침 …133

헛다리 …134

그리움 …135

노신의 하루 …136

우직한 …137

노신 …138

6부 노년의 허전함

역겹다 …140
정욕 …141
만족 …142
오늘과 내일 …143
계면쩍네 …144
욕구 …145
아직은 …146
성욕 …147
모두가 …148
멍에 …149
때 늦은 …150
순간 …151
허탈함 …152
현상 …153
허전함 …154
욕정 …155
머무적 …156
허기진 하루 …157
허무 …158
환희 …159
뜬 구름 …160

*評說 시로 풀어내는 시인의 삶 …161
김경수(시인·문학평론가)

1부

그리움으로

여백
낯선
소회
버선목
자존심
체
행세
존재
막연해
애당초
하루 해
수정
엉성한
쑥대밭
어서 가자고
무딘 세월
추억
허상
자아실현
연명
헛것
헛수고
두렵네
아직
넋
사랑함이
길목에서

여백

어느 날
추가로 얻어온 여백
어루만지다
날아가 버렸네

두고
두고
아쉬워

이제는
미련
버리려네

낯선

외진 곳에 틀어박혀
그리움에 치 떨 때
떠나간 그리움
목 말라하네

선뜻
다가올 그림자
보이지 않고

멀리
뭉게구름
한가하네

어서
가자고 하는
낯선 목소리

소희

오랜 세월
잊어야지 하며 잊지 못하고
애태우는 이름

차마 뱉지 못하고
입 안에서만 맴도는
애태우는 이름

부르다
부르다
소진될 때까지
애태우는 이름

버선목

버선볼 뒤집어
속 보이듯
나도 그러했으면

많은 밤
꼬박 세우고
얻은 것 없네

뒤집어 보일
속도 없고
뒤집혀 지지도 않네

이러다
버선목
터지겠네

자존심

세워 놓고 보면
별것 아닌 것이
눕혀 놓고 보면
거추장스러워
팽개치고 싶은
자존심

어느 날
홀연히 사라져
홀가분하더니

볼썽사납게
꾸겨지고
꺾기여

참담한 모습으로
자존심 상하게
나타났네

혼자이고 싶네

체

선뜻
앉고 싶지 않은
경로석

숨길 수 없는
외모
돌려 세우고

체의 가면 쓰고
아닌 체
젊은 체

그러나
어쩔 수 없는
굽은 등

행세

주인도 아닌 것이
주인처럼
행세하고

허세 부리고
도도하게
뽐내고

주인도 아닌 것이
주인처럼
살다가네

그렇게
살다가
살다가네

존재

거짓된 삶인 줄 알면서도
그것이 주는 충격이 싫어
아닌 체

허황된 삶은 아닐지라도
조금은 느슨하고
빗기여 가는

그것이 존재가 되지 않고
그것이 몫이 되는
한 부분

그러한 삶을
추구하고자
밤잠을 설치네

막연해

순간의 폭발로
주변이 쑥대밭 되어
타다만 감정의 고리는
널려져 있고

분출되지 않은
불만은 응어리져
가슴앓이하고

대책 없는 사고는
어디로 갈까
막연해

껍데기뿐인
감정 끌어안고
통곡하네

애당초

허술한 기대는
목말라하고
미처 닿지 않은 손
멀기만 하네

애당초
믿기 어려운 약속
구름 위 헤집고

덩달아 춤추는 위선
보기 민망하네

이제
마무리할 시간
어서 서둘러야겠네

하루 해

머뭇머뭇
머뭇거리다 보니
여기까지 왔네

무엇인가 망설이다
뒤돌아보고
두리번거리고

누구에게
제지당한 듯
멈칫멈칫

그러다
하루 해
다 갔네

수정

무엇을 할까 하고
망설여 본다

주춤주춤
다가서 보면
멀리 보이는 모습

왠지 낯설고
꺼림칙한
처음 보는 듯한 모습

수정되지 않은 것을
수정되었다 하는
수정되지 않은 모습

엉성한

쓸쓸하고 호젓한
뒷골목이 좋다
누가 손짓하며
부르는 듯한

가로등이 졸고 있는
뒷골목이 좋다
벤치에 앉아
어제의 이야기 나누고

엉성한 가락으로
제멋대로 부르는
노래가 스며든
그림자가 좋다

쑥대밭

다투어 일구어 놓은
논과 밭
어느 날
비바람에
쑥대밭 되었네

마지못해
불러 세운 세월
한탄만 하고

뒤안길
헤매는
오늘

내일은 보이지 않네

어서 가자고

뒹구는 세월이 싫어
냇가를 껑충 뛰어
넘었는데

방심할 수 없는 세월
문턱 밟고
호령하네

어서 가자고
나는
아직 인데

무딘 세월

부당함을 호소하며
애태우던
위축된 시간

염원을 고대하던
길목에서
희망은 소멸되고

하찮은 걱정은
먼 길을 재촉하며
무딘 세월 원망하네

어서 가자는 소리
등 뒤로 흘리고
먼 산만 바라보네

추억

등 돌린 추억
언덕 넘어가고
쓸데없는 과거
가슴 할퀴고 가네

어느 순간
그리움이 덮쳐와
뭇 설움 허물어질 때

방긋 웃고
돌아올
등 돌린 추억

허상

두리번거리며
찾고 있는 허상
외롭다

또 하나의 자화상이
나를 기다리고
반겨 준다면

허름한 꽃다발
내밀어
반겨 주려니

야무진 소망은
주체스러워
뒷걸음질 치네

힘겨운 하루
내일을 약속하니
용솟음치는 오늘

자아실현

누구나 지니고 있는
외로움
누구나 지니고 있는
걱정
누구나 부러워하는
만족

어디서부터
추스를까

욕심은
욕심을 부르고
나태함을 부러워하네

원망도
자아실현이려니

연명

피다만 가을 들국화
한 송이 꺾어 들고
서글픔에 환호해본다

흑인지 백인지
분명하지 않아
아리송하고

먹다 만
빵 조각
목에 걸렸네

한두 해
살아 보아도
식별이 불분명해

어느 자락
부여잡고
연명할까

헛것

이제부턴
흘리고 온 세월
주워 담으려 합니다

모가 진 것
각이 진 것
둥근 것
각인각색

줍다 보면
더러는 헷갈리어
이것인가 싶고
저것인가 싶고

분별이 아니되
헛것을 줍고
헛것을 탐하네
헛살아온 세상

헛수고

바닥이 드러난 우물에
헛 두레박질하는
아낙

매번 헛수고에
지칠 만도 한데
꿋꿋하네

허튼수작 아래
괜스레 헛수고는
내일을 꿈꾸는
밑거름이려니

두렵네

야문 추억 떨쳐내고
숨 고르기 하는 순간
뒤바꾸는 주변 모습

어설피 선택된 삶
두고 온 과거 들쳐보곤
가슴앓이하는

계절이 바뀌어
찾아오는 변화
두려움이 앞서가네
두렵네

아직

아직
더
기대고 싶은데

아직
더
머물고 싶은데

무정한
세월
저만치 갔네

넋

차곡차곡
걷어 들인
옛정

한순간
허물어져
흔적도 없네

사방팔방
둘러봐도
그림자도 없네

넋 없이
살고 있네
오늘 하루

사랑함이

내가
당신 사랑함이 고마움입니다
내가
당신 사랑함이 앞으로
내가
해야 할 과제입니다

많은 시간 숙고했으나
내가 당신 사랑함이
당신을 위하고
나를 위함
진작 알았어야 했습니다

그렇습니다 당신 평안함
나 또한
평안함이니
내가 당신 사랑함이
고마움입니다

길목에서

하나를 지나
둘로 가는 길목에서
마주친 너

생소하고
위축된 모습

혹시나 하고
다시 둘러 본
너

새삼
친근감이 돌고
오랜 구면 같은 느낌

우리 둘은
하나가 되려니

2부

어제와 오늘

그 자리
신세
역겹네
착각
아직도
현실
사랑
속
얼추
헛손질
한순간
황혼
어제와 오늘
행선지
형태
허사
기억
허무
시어
시가 있어
시
시인의 하루
시인
시상

그 자리

임 그리워
옛 시절 떠올리면
항시 생각나는
빗속 거닐던 한강변

사십여 년
흘렀지만
지금도
그 자리
임 있을 것 같아

꿈속에도 잊지 못해
그 자리 찾아가네
텅 빈 그 자리

신세

어쩌다가
씹다 버린
껌 조각처럼
되어버린 신세

밑도
끝도 없어
어정쩡하고

삼키려 해도
삼켜지지 않는
목구멍에 걸려있는
애물단지

석양 닮은
내 모습
어설프다

역겹네

인정 되지 않은 인격은
물 위에 뜬 기름 같고
꿈속에서 나눈 언약
뜬구름 같네

생각이 미치지 못한
어제의 약속
오늘 꺼내 보는
아둔함

내일은 보이지 않고
가슴 억누르는 후회
도전할 수 없는
미래 역겹네

착각

오랜 이별
모르고
잠시
이별인 줄 알았네

엊그제
본 듯한
착각

내일
미련 있어
오늘
잠 못드네

아직도

많은 세월
주저주저하며
제대로 챙기지 못하고

변형된 사랑을
그래도 사랑으로 여기고
사랑해 온 세월

아직도
흔적이 남아
잊으려는 아픈 상처
고통이 배가 되네

원망으로 얼룩진
세월
그만 잊으려 하네

현실

수줍은 세월 앞에
뻣뻣한 추억들

온통
제 것인 양
휘둘러 대고

무딘 세월 속에
부지하려는
현실

저무는
석양
원망스럽네

사랑

멈칫멈칫
살며시
다가가고

누가
볼세라
은밀히

누구나
한 번
해 보고 싶은

속

그득 담긴 그리움
어쩌지 못하고
풍덩
던져버렸네

앓다 빠진
이처럼
시원할 줄 알았는데

뭉그러진 속
어루만지다
하루 해 다갔네

얼추

얼추
이쯤 아닌가 싶은데
보이질 않네

목 빼어
둘러 봐도
보이질 않네

어디쯤인지
짐작 못해
소경 따로 없네

내일
길 떠날 채비
서둘러야겠네

헛손질

지나온 삶 속에
의미를 부여하고
허튼 시간
저만치 가네

잡히지 않는
어제와 오늘
숨 가쁘게 하고

그리어지지 않는
내일
헛손질 하네

한순간

오래 살아온
삶의 지혜도
한순간
얄팍한 속셈으로
허물어지고

돌이킬 수 없는
혐오를 안고
외진 오지를 헤매네

산다는 것
살아가는 것
외줄타기와 같아
조심에 조심조심

황혼

밀려나는 세월
서운해
밤잠 설치네

그 많던 애환
낙엽에 밀려
흔적도 없고

애착의 끄트머리
잡으려 해도
잡히지 않네

황혼의 한 귀퉁이
자리 잡으려
허둥대네

어제와 오늘

살며시 고개 드는
부질없는 추억
민망스럽네

하나같이
탐탁지 못해
원망스럽고

어설픈 내일
미덥지 못해
어정쩡한 오늘

어제와 오늘
부딪치는 소리
요란스럽네

행선지

네모진 모서리를 돌아
비스듬히 서 있는
이정표

행선지는 벗겨져
헛보이고
참새 떼만 왔다 가네

헛갈리는 행선지
기웃거려본다
무심히

형태

우리는
각자의 소재를 품고
바탕이 되고자
노력해온 오늘

각인각색으로
부각되어
형태를 이루고

누구는 만족하고
누구는 불만으로
마지못해 생활하는
현재

내일의 기대에
목말라하네
시간이 많지 않기에

허사

이제는 더 이상
머물 수 없는 시간
모든 기억
함께 떠나
아련함만 남고

지쳐버린
삶의 끝자락
손에 잡히지 않네

애써
잡아 보려 하나
허사일세

비틀어진 기억
나를 쫓고
휩쓸려온 기억
종잡을 수 없어
먼 산 바라보네

기억

내
젊은 시절 기억

어둑어둑한
공간에
젊음의 낭만
패기는 사치

허기와 추위에
시달리어
세월의 흐름조차
잊고 지내는
역류된 생활

숨쉬기조차
순조롭지 못한
폐쇄된 공간에서
한 두어 시어를

떠올리려
안간힘 써온
세월

그렇게
지내오길
칠십여 년

이제
겨우
앞이 보이네

허무

근거 없는 진실
가슴 품고
달려고 세월
너무 멀어

어느 날
뒤돌아보니
흔적도 없네

남은 세월
많지 않아
가슴 저리고

하루 보내기
쉽지 않아
허무 안고 가네

시어詩語

처음
너를 본 순간
가슴에 통증
그것이 사랑

오랜 세월
뒤돌아보니
그곳에 네가 있어

이제야
알겠네
너의 모습

시가 있어

난
네가 있어
행복하다

누가 알세라
꼭꼭 숨겨둔 속내
터질 것 같은 분노
뜬구름 같은 미래

네가 있어
털어 놓고
웃고 울고
한숨 쉴 수 있어 좋다

나는
너를
평생 두고
잊지 않으리

시

오랜
기다림 끝에
만난 너

여러 수식어
붙이지 않고
표현하여 불러본 너

만감이
몰려들고
휘말리는
순간순간

시라는
형식을 통해
전달할 수 있어
행복했네

가슴이 뭉그러져
내려앉는
감격

시인의 하루

누구나
뒷모습
여유롭지 못하나

시인의
뒷모습
외롭고 쓸쓸하네

많은 생각
골몰하다
허기진 하루

정리 아니 된
하루의 끝
부여안고

시인의 하루
고독하네
끝도 없이

시인

시인은
착각의 틀에
갇혀 있다

넘쳐나는가 하면
부족 하고
부족 한가 하면
넘쳐 나는

한치 앞도
예측 못 하는
답답함에

울고
웃고 있는
시인

시상

어쩌면
한순간의
쾌락으로 다가와

평생을
담고 있는
너

희로애락
뭉개어
한 덩이 되니

다음
두 손 놓을 때
고맙다 인사하리

3부

어쩔 수 없는

내민 손
품
틈
젊음이
내일은
다시금
조건부
짐작
빈자리
마냥
빛바랜
그리움
꿈
단지
시간
온통
사랑
삶
저절로
흔적
헛도는
기약
먼저 온 미래
이름
충동
우리
모두

내민 손

부질없는 재촉
허물어지고
늦깎이 설렘은
허공을 맴도네

숨은 그리움
갈피를 못 잡고
달랠 길 없는
서러움 꿈속 헤매네

어서 가자 내민 손
뿌리치고
문밖을 나서네

품

눈 익어
찾아가는 길
당신의 그리움

언뜻
보고도
기억나는

당신의 품
여전한지
여전하려니

어느 날
불쑥 찾아가도
변함이 없는

틈

비좁은
틈으로
파고드는
그리움

모른 체
지나치면
엉겨 붙어
매달리는

쉽사리
뿌리치지 못해
그리움
배가 되네

젊음이

쉽게 달구어 지고
쉽게 느끼는 쾌락
은밀함이 있어

잠시 스치는
바람결에도
만끽할 수 있던
젊음이

언제였나 싶고
그랬었나 싶은
멍멍함

숫제
전혀 기억나지 않았음
좋으련만

내일은

새로운 깨달음 얻고자
참선하는 스님처럼
참회하네

무한한 염원
끝이 없어
동구 밖 헤맬 때

손 흔들어
다가오는 오늘
부담이 돼

내일은
달맞이하러
뒷동산 오르려네

다시금

착각으로 시작하여
착각으로 끝내보자
어리벙벙하게

이것도 아니고
저것도 아닌
술에 물 탄 듯

다시금
착각으로 시작하면
착각으로 끝내자
야무지게

어차피
우리 모두
착각으로 태어난 것

조건부

조건을
조건으로 내세워
얻고자 하는 위안

내세울 것 하나 없는
조건부
궁여지책으로
몰아붙여

언젠가 오려니
행여를 고대하며
목 빠지게 기다리네

내세울 것 하나 없는
시간을 붙잡고

짐작

살갑던 추억
어디 갔나
흔적 없네

대물림하듯
연거푸
다가오더니

다간 세월
짐작하듯
황망히 사라지네

빈자리

그대
돌아앉은 빈자리
너무 커

텅 빈
가슴
외로움 넘치네

잠결에도
더듬어 보는
빈자리

마냥

마냥
넋 놓고
앉아 있네
식사도 잊은 채

낙심의 깊이를
헤집고
떨쳐내야 할 텐데

버려진 기대
추스르기 역겨워
제자리걸음만 하고

떠나는 희망
쳐다만 보네

빛바랜

오늘도 빛바랜
추억의 한 조각
움켜쥐고 거리를 헤맨다

너 아니면
나였을
순간의 주역들

지나고 보니
손에 잡히지 않는
구름 같은 것

부리나케 쫓다간
멈칫거리고
주저앉고 말았네

여전히
산마루에 걸린
빛바랜 추억

그리움

부리나케 쫓아온
그대 그림자

손 내밀어
체온을 감지할 때
차갑게 느껴지는
헛 그림자

엇 다 싫어
돌아서는
발길
허탈해

다시
되뇌는
그리움

꿈

불러보는 이름
아파할까
그만 부르렵니다

오랜 세월
부르다 지쳐
잊어버렸네

그래도
꿈속에
헛소릴 다 하네

단지

미처
잊지 못한 모습
응어리져
시야를 흐리고

모든 것이 폐쇄되고
단지
그리움에 치 떠는
소행만이 지속되는

어제가 그러했고
오늘도 그러한
연속에 연속
아득하네

시간

현재를 비유하며
빗대어 생각하는
현실

굳이
승패를 떠나
안주하길 바라는
어설픔에

다시 한 번
옥죄어 오는
조건 반사

언제일까
기다려지는
작별의 시간

온통

솟구친다고 할까
그리움이

아직이라고
할 수 없는 순간
뭉개어 오는 그리움

분간할 수 없는
그리움이
흔적도 없이 덮쳐

온통
쑥대밭이 되었네
예사롭지 않게

사랑

언제까지
사랑할 수
있을는지

언제까지
사랑이
이어질지

반신반의에
휘둘려

제대로
사랑 한 번
못 해 봤네

삶

멀쩡히 바라볼 수 없어
훔쳐 본 과거
흉터 너무 많아

흘러가는 구름
밤하늘 별
셈하여 본다

어느 것 하나
탐탁지 못해
고개 돌려보나

버릴 수 없는
삶이기에
어쭙잖은 미소 흘리네

저절로

당분간 오지 않을 시간
덩달아 조급해 하고
분주하네

무언가 손에 잡히지 않고
그러나
무언가 있는 것 같은

하나가 둘이 되고
둘이 넷이 되는
익숙한 나날

절로 부풀려지는
너그러움
보듬어 주는

흔적

꼬집어 말하기
거북한 사연

세월의 흔적을 쫓아
안부 묻기도
조심스러워

너덧 걸음 걷고는
뒤돌아보고
멈칫멈칫하네

아마
버리고 가는 세월
아쉬움이려니

헛도는

모든 것을 접어두고
무식하게 살려 했는데
그도 못하고
유식의 근처에만
맴돌고 있네

아닌 척
있는 척
잘난 척

헛도는 풍차처럼

기약

어떠한 여유가
다음을 기약하고
몸부림칠 때

넉넉하지 못한
오늘
안달이 났네

그렇게
하루가 가고
이틀이 가면

칠순
팔순
넘어가는 것을

오늘도
보채네
기약할 수 없어

먼저 온 미래

전혀
생각지 않은
미래
저만치 다가오고

염려뿐인
현실
도망치고 있네

내일
모래
찾아오면
어떻게 맞이할까

이름

별 뜨는 밤이면
소리 죽이여
불러 보던 이름

세월이 지날수록
부르는 이름
애처로워
이제는
그만 부를까 하네

훗날
아주 잊어버려
가물가물하여도
그래도
그리울 이름

충동

여린 가슴 열고
받아 주던 사연
달콤해

수십 년 흐른
지금
환상이 새로워

아무나
손잡고 싶은
충동

석양은
저만치
물 들어가네

우리

새로움을 찾기엔
너무 늦은 우리
먼 길을 돌아
여기에 왔네

무엇 하나
쉽게 사귈 수 없는
무리수 앞에
무력한 우리

멀어져 가는 세월
줄곧
쫓기엔 힘이 부쳐
먼 산만 바라보네

모두

새삼
멀게만 느껴지는
지난날들
연분홍 꽃 치장하고
살며시 다가와
허튼짓하네
오랜 세월
허둥대던
순간순간들
숨 가쁘게 달려와
어깨에 손 얹고
함께 가자 하네

지나고 보면
모두
아름다운 추억

4부

모두 가자 하네

못하는
다시는 2
핑계
자리
다정한 이야기
무딘 세월
기억
새로워
미련
길
끝
요구
인연
심사
계절
순간
아련한
오랜 기억
흉내
축 간 세월
현실

못하는

뿜어 내지 못하는
분수처럼
그러하니
벙어리 냉가슴

하루에도
서너 번씩
옥조이는
풀지 못하는 답안지

오늘도
너와 함께
스무 고개
넘자 하네

다시는 2

잠시
사랑했던
그대

얼추 생각해도
가슴이 시려

다시는
사랑 아니 하리라
다짐이 앞서 가나

그래도
그리워지는
그대

핑계

머무적거리는
그리움
팽개치고
달려가고 싶네

언제였나 싶게
외면하고
돌아서는
반복되는 이별

이제는
떠나야겠네

아쉬움 미련
나 몰라라 하고

자리

거기 있어 좋은
나도 알고
너도 아는
자리

지나치다
부담 없이
드나드는
자리

언제까지나
그 자리
머물고 싶은
자리

다정한 이야기

두고 온 시간
그리워
살며시 돌아본다

엊그제인 듯
생각나는
먼 이야기

손 마주잡고
거닐던
인사동 길

주고받던
다정한
이야기

언제
다시
시간이 될까

무딘 세월

덧없는 세월
원망이 앞서가고
빗장 풀린 야망
저만치 달려가네

누구를
원망하고
탓하랴

무딘 세월
등에 업고
제자리걸음 하는 나

빗겨가는 세월
손짓하네
잘 가라고

기억

흘린 기억
주워 모아
어제를 되찾고
내일을 기다리네

숱한 사연
태산을 이루고
못다 한 이야기
꿈결 같아
구름 위 걷는 듯

그나마
많지 않은 시간
재촉하여 오네

새로워

푸고 돌아서면
또 고이고

푸고 돌아서면
또 고이는

샘물 같은
그리움

이젠
그만
잊힐만한데

새록새록
새로워지는
그리움

미련

잡히지 않는
현실
추구하는
미련

많은 세월
허송하고

다시금 미련에
목 메이네
손에 닿지 않는
미련

길

주객의 발길질
산으로 치솟고
성난 등산객
자갈밭 헤매네

고요 안고 있는 산세
멀리 달아나
도시의 소음
흘러넘치네

험한 산길
구름 잡고 오르니
발아래 풍경
허름하네

끝

무언가 한두 개
잊어버리고
아차 싶었는데
또 잊어버리고

그렇게 하루가 지나고
또 지나가고
그러다 보니
칠십이 지나
팔십 고개

머지않아 그나마도
다 놓고 가려니
뒷날
잘 살았다
못 살았다
말도 많겠으나
후회 없는 끝이었으면

요구

조금씩 수그러드는 의욕
나날이 쇠퇴하는 욕구
분간이 아니되
더욱 옥죄이는 하루

요구는 넘쳐나고
두루뭉술한 사고
억제하지 못하고
이끌려가는 오늘

내일은
염원이 멀어
허기진 하루
무소득 무소유

인연

마구 부르기엔 조심스러워
이 밤도 은밀히 물러보곤
가슴 조이네

어디다 대 놓고 말할 수 없는
얄궂은 인연이기에
고뇌의 그늘 너무 두려워

오늘 이렇게
고개 숙여
가슴 안고 가네

심사

초야에 묻혀 사는 삶이
부러워지는
낯간지러운
오늘

무턱대고
어디론가
내 닫고 싶은
심사

인내의 존재를
무시하고
마냥 엇나가네

모든 것을
얼핏
정리하고 싶네

계절

슬며시 다가와선
부리나케 달아나는
계절
언제였나 싶던 계절도
그렇게 지나가고

다시 그리워지는
계절이 오면
계절의 그림자와 함께
마중 가려니

그대 고우신 손길 내밀어
마주 잡아 주시구려

순간

아차
하는 순간
지나가 버렸네
청춘이

많은 것을
약속
해놓고

허무를
곱씹으며
돌아섰네

서산마루
해는 지고

아련한

어제와 오늘
이어 가는
빠듯한 시간 속에

너의 그림자
환상이 되어
덮쳐오네

오늘을 잊고
어제 기억 못하는
혼란 속에

아련한
너의 모습
꿈속을 이어가네

오랜 기억

물색없이
고개 드는
지난 과거

어쩌다
기억이 나
내 활개치고

그도 모자라
오랜 기억
더듬어 보네

잠시
순간
더듬어 보네

흉내

기다려지는 것 없이
무료만 몰려와
그렇지 않아도 적적함
배가 되네

스멀스멀하던
순간의 충격
언제였나 싶게
멀쩡하고

시치미 떼고 돌아앉은
새색시
흉내 내는
어제와 오늘

축 간 세월

그 간
축 간 세월이
얼마던가

알고도
모른 체
지나온 세월

체념을 하기엔
녹록지 못한
아쉬움 있어

해
뜨고 지는 것
모른 체했네

덧없는
세월
앞서가는 원망

현실

흔들리는 전화 벨소리
불안만 증폭시키고
허물어지는 기대

세월은 늘어지고
갈 길은 바쁜데
대책 없는 욕구

싸잡아 곤두박질치고
연연할 수 없는
현실

무엇 하나
손닿지 않아
허무하네
갈 길은 바쁜데

5부

허무한 시간

사연
헛욕심
어설픈 하루
석양
헛발질
내일
어느 한시
미처
뉘우침
덩달아
불편함
애련
얼빠진
안간힘
환영
헛기침
헛다리
그리움
노신의 하루
우직한
노신

사연

분노에 치를 떨고
사모에 애간장 태우던
시절
젊음이 있었네

피지도 못한
꽃 한 송이
어루만지던
시절
젊음이 있었네

이런
저런
사연
끌어안고
통곡하는
노년

헛욕심

갓길을 돌아
오고 보니
거기가 거기

일흔 다섯 해
많이도 헤맸네
숨 가쁘게

이젠 그만
쉬었으면 하는데
주변이 허술해
헛욕심이 나네

어설픈 하루

매번
허툰 수작으로
혼돈되게 하고

그렇게 지나온
칠십 년

추억 한 덩어리
안겨주곤 종적이 없네

어설픈 하루
저물어 가네

석양

알토란같은 세월
야금야금 허물길
칠십오 년

분홍빛 꿈
황색으로 변했고
널찍하던 등
오그라들었네

허무를 곱씹고
널브러져 앉아
신세타령할 때

서산으로
넘어가는
석양

헛발질

씁쓸한 고별
반기지 않는 이별
이 모두
이율배반

어쩔 수 없는
노신은
멈추었는데
주책없는
노심은
춤추자 하네

욕정의 고갈
믿기지 않아
믿고 싶지 않아
헛발질해 본다

내일

간다 간다
간다 하네
누가 오라고 하듯

실없이 내뱉는
한 마디
노년의 삶 담고

반기지 않는 내일
끌어안고 가네
어쩔 수 없이

어느 한시

밤낮
없이
조급해지는

마치
빚쟁이에
쫓기듯

어느 한시
편한 날 없이
불안한

그렇게
칠십 고개
넘고 있네

미처

채 피지 못하고
봉우리 채 시든
청춘

군색한 세월
힘겹게
보내고

내일은
보이지 않네
칠순 넘고 보니

뉘우침

때늦은 후회
반복하며
살아온 칠십여 년

말 못할 사연
덕지덕지 쌓이어
산을 이루고

철 지난 뉘우침
가로막아
앞이 보이지 않네

헛소리처럼
되뇌는
고난의 소리

덩달아

평정이 쉽지 않은
칠순을 넘고 보니
불편한 점
하나 둘 아니네

채워도
채워지지 않는
허전함

덩달아 춤추는
욕정

불편함

어제의 자랑이
오늘
발목을 잡네

온 세상
휘젓고
네 활개치고

어제같이
그러했는데
오늘은
칠순 고개 넘고 있네

불편한
오늘

애련

비좁은 애환의 골짜기
뭉개 버리고
밑이 보이지 않는
쾌락의 나락으로
빠지고 싶은

젊은 날의 객기
어제였는데

오늘은
팔다리 힘이 부쳐
보행이 불편하나
그래도 한 가닥
여인의 품이 그리운

애련함이 남아
심기가 편치 않네

노신의 하루가
저무네

얼빠진

그리움에
얼빠진 날들이
서러움으로 변하고

목마르게
기다려온 세월
허무만 안겨주네

무디게 살아온
칠십 년
한껏 뽐내고 싶어

새삼
어깨에
힘주어보네

안간힘

기대를 기대치에 두고
여망을 염원하는
더딘 소원은

여백의 틈도 없이
사라져
흔적도 없네

실오라기
한 가닥이라도 잡고자
안간힘

태연히 살아온
칠십여 년
괴롭다
시간은 많지 않은데

환영

잠겨있던
욕정
달려가고

주체할 수 없는
정욕
흘러넘치네

어제같이
그러했는데
칠순이 넘고 있네

헛기침

모든 것이
폐쇄되어가는
연령이고 보니

어쩌다
힘들게 맞이한
정사의 순간

짜릿한 쾌감은 없고
괜스레
헛기침만 하네

이 또한
노년에 지고 갈
짐이려니

헛다리

덧없이 흘러가는
세월 따라
나도 가려니
어느 만큼 왔나

그 누구도
알 수 없는 세월
헛다리 짚고

오고 가는
발길에 채이어
이리 가고
저리 가고

그러하기를
칠십여 년
이젠
멈출까 하네

그리움

무던히 그리워
모든 것을 단념하고
정리해야 할 시기
새록새록 그리워
난감하네

주책이라고 하자
그리움을
그리워하고
얼굴 붉히는

망각을 구실삼아
착각으로 이어지고
다시금
되뇌는
그리움

노신의 하루

하루를 벗 삼아
살려했는데

점점
오그라드는
팔과 다리
어찌하고

더러
생각나는
마누라의
옆자리

생체의 어긋남
괴로워하는
노신

노신의 하루
괴롭다

우직한

우직한 모습대로
살아온 지금
새삼
되돌아보는 과거
원망이 앞서 가네

남들 다하는
요령
챙겨 보지도 않고
뭉그적뭉그적

이례적으로
그렇게 살아온
칠십 년
미련 둬 뭣하랴

이렇게
살다 가려네

노신

그리
무너질 줄은
몰랐습니다

어느 한 순간
앉았다 일어나면
균형이 무너지고

요염한 여인이
추파를 던져와도
무감각하여

일상생활이
무료하고
무미건조하네

노심으로
이어지는
노신인가

—

6부

—

노년의 허전함

—

역겹다
정욕
만족
오늘과 내일
계면쩍네
욕구
아직은
성욕
모두가
멍에
때 늦은
순간
허탈함
현상
허전함
욕정
머무적
허기진 하루
허무
환희
뜬 구름

역겹다

가능성도 없이
흥분만으로
거드럭거리는 성욕

그래도
싫지 않은 노인은
침을 흘리고

고개를
잔뜩 빼고
쳐다보네

허드레 짓인 줄
알면서도 기웃대는
노년이 역겹다

정욕

어떻게 보면
수치스럽고
계면쩍은

그러나 누구나
외면할 수 없는
자연스런
인체의 욕구 정욕

나이 들어
점점 쇠퇴하다
그나마 눈 녹듯
사그라지는
말로는 다 못할
서운함

언제까지
매달리고 싶은
아니 되는 줄 알면서도
잡자 하네
애타게

만족

순간의 흥분
영유하고자
안달이 나고

좀 더
조금 더
끝이 없네

누구나
한결같은
바람의 한계

넘나드는
쾌락의 줄다리기
만족이 없네

오늘과 내일

뿔난 정욕
하늘을 찌르고
못 볼 것 본 것처럼
외면하네

부드러움
넘쳐나던
애무
흔적 없고

애먼
망아지
들을 헤매네

어줍은 판단은
정욕을 자극하고
당황하게 하네

외면만 할 수 없는
오늘
내일은 멀기만 하네

계면쩍네

어쩔 수 없이
근절되지 않는
노년의 정욕

반갑지 않은
탈모와 같이
예전 같지 않으나

때때로
고개 드는
성욕

주변 시선 따갑고
여유롭지 못해
계면쩍네

욕구

걸맞지 않은
성 충동으로
얼굴 붉어지고
몸은 수직상태

주변 시선
곱지 않아
몸
둘 바 모르겠네

그런데도
성적 욕구
수그러들지 않아
뛰쳐나가고 싶네

아직은

칠순을 넘고 보니

잠시
반짝이던 성욕
어디론가 사라져

못내
아쉬워

부리나케
뒤좇아 보니
흔적도 없네

아직은
아직은

입속에 되뇌며
어린아이 보채듯
보채 보네

성욕

마치
봇물 터지듯
감당하기 어려웠던
성욕

그것도
칠십 고개 넘고 보니
마음뿐
몸이 마음 같지 않네

공연스레
잠 못 드는 밤
고통이
물고 늘어지네

모두가

예전에는
황당하게 대드는
성적 충동으로
곤혹스러웠는데

이제는
마음뿐

모두가
너무 허무해
이질감마저 드네

멍에

주체할 수 없던
욕정
순간 서리 맞았나

아직
마음은
솟구치는데

칠순의 멍에
발목 잡아
어리둥절하네

때 늦은

때로는
슬며시
때로는
왈칵 쏟아지듯
오는
때 늦은 욕정

어제의 느낌
오늘
바를 바 없는데

몸은
저만치
떨어져있네
안타깝게
칠순 고개 넘고 보니

순간

이제는
억지로
끌려가는
정욕
몹시 힘겹다

자연스레
넘쳐나던
순간
순간의 욕정
몸이 녹아내리고

끝도 없고
시작도 없던
찰나적인
흥분
옛이야기던가

허탈함

날이 갈수록
기력은 떨어지고
마음은 불같은데
마누라 쳐다보기
계면쩍네

하나에서 열까지
모두 잊어버려
허탈함

삶의
의욕마저
뭉그러지네

현상

어쩌다 잠시
성적 충동으로
마누라에게 손 내밀면
주책없다 면박 받고

돌아앉아 생각하면
분노가 치솟아
어찌할 바 모르겠네

칠순 지났다고
억제해야 하는
새삼스러울 것 없는 현상
누구에게 하소연하랴

허전함

세월에
버림받았나
칠순 지나 보니

그렇게 풍성했던 성욕
눈 녹듯
녹아내리고

하잘 데 없는 욕정
그대로 있어
잠시 편한 날 없네

이제는
가슴 도려낸 듯
허전하네

욕정

젊은 시절
풍성하던 욕정

노년
잠자리 자극하고
아쉬워하는 성욕

꿈만 같은
늙은이
욕심이려니

오늘
하루
이렇게 지나가네

머무적

막무가내로
밀치고 들어오는
그리움

밤낮이 따로 없고
장소 불문하여
민망스럽네

칠순 지난 이제
시간이 촉박하여
앞뒤 분별 쉽지 않아
허둥대네

머뭇거리는 하루

허기진 하루

그
넘쳐나던
정욕
어디가고

허리는 구부정
색녀를 보고도
무감각

그러나
솟구치는 성욕
한갓 허구에 끊어

허기진 하루
더욱
힘겹네

허무

넘쳐나던 정욕
꿈틀대던 욕정
어느 사이
안개같이 사라져

단념이 쉽지 않은
노신은
서글프다

언제
다시 온다는
언약도 없어
마지막일 것 같은
허전함

오늘이 어제이고
내일은
보이지 않네

환희

걸 매인 하루
솟구치는 욕정
어찌 못하고
눈치만 보고 있네

어느 때 골라
마침표 찍고
환희에 젖어
몸부림 치고

모두 다
젊은 시절 이야기
생각의 끝
넘쳐나네

뜬구름

욕정의 불구덩이로
유혹하는 육신

마음은 예전 같은데
마냥일 것 같던 정욕
뜬구름 같고

어서 오라는
손짓에
허둥대는 발길

그마저
얼마 남지 않은 듯
허전하네

시로 풀어내는 시인의 삶

–박홍균 시집『여백의 길』을 읽고

김 경 수
(시인·문학평론가)

1.

고희를 훨씬 넘겨 시를 만나서 시인이 된 사람을 만난다는 것은 곧 그 사람의 삶을 만나는 것일 게다. 보통 사람들의 일상과 시인의 삶은 다를 수도 있을 것이다. 왜냐하면 오랜 삶 속에서 농축된 투시의 안목과 통찰력으로 다져진 지난날 들이 때로는 아픔으로 때로는 기쁨으로 때로는 분노로 곤고한 세월을 감내해야 하기 때문이었을 것이다. 또한 여러 가지 기구한 운명적 만남들이 많을수록 향수에 대한 농도는 짙게 마련이다.

이번에 첫 시집을 상재하는 박홍균 시인은 늦깎이로 詩作을 시작한 지 4년 만에 상재하는 자신의 마음을 그는 머리말에서 이렇게 말한다. '칠순이 넘었으니 흔히 욕심이라 하나 그나마

이 나이에 아직도 펜을 놓고 싶지 않아 돋보기를 거듭 고쳐 쓰며 아집으로 졸작을 쓰고 있다.'(머리말에서) 욕심이라고 누군가 말을 하지만 아집으로 졸작을 쓴다는 박홍균 시인 역시 여느 사람들과는 다른 조건으로 개성적으로 혹은 선택적으로 살아 달리 방법이 없었기 때문이 아닐까 싶다. 140편의 시를 총 6부로 나눈 시집은 아마도 그동안 보듬어 온 시들을 세상에 내는 것 같다.

요즘은 100세 시대란 말에서 120세 시대라고까지 말들을 한다. 그렇다면 70세 중반을 넘었지만 그래도 아직은 젊음이 아닌가 생각해 볼 때, 몇 년 전에 일본에서 92세에 처음 시를 쓰기 시작해 99세에 첫 시집 '약해지지 마(くじけないで)'를 출판한 시바타 도요를 생각하지 않을 수 없다. 그의 시집은 10개월만에 100만 부 판매를 돌파하는 최고의 기록을 세우기도 했다. 또한 역대 최고령 나이(89세)로 2007년도 노벨문학상을 수상한 영국의 여류 작가 도리스 레싱도 일본의 도요와 비슷하다. 그런가 하면 한국의 최고령 시조 시인이셨던 정소파 시인은 타계하시기 전 100세까지도 왕성한 창작을 하였다. 바로 이러한 창작에 대한 사명과 열정은 아마도 '제2 인생'에 도전하라는 메시지가 아닌가 싶다.

시인은 시간이란 풍차를 타고 여행하는 여행가이기도 하다. 개인적인 행복과 불행, 고통과 시련 또는 그가 살고 있는 시대상을 반영하는 온도로 살아가기 때문에 개성적인 삶을 산다. 즉, 보통 사람들이 느끼거나 발견하지 못한 느낌을 발견할 수 있기 때문이다. 시인 박홍균은 참으로 열심히 창작을 하는 시인으로 정평이 나있다. 불편한 육신을 최대한 활용하여 끊임없이 도전하고 창작한다. 이제 그는 시가 삶이고 삶이 시가 되어버린 인생이라 해도 과언은 아닐 것이다. 그런 분이 첫 시집을 출판한다 하니 대견한 일이 아닐 수 없으며 자연스러운 일이기도하다. 이제 140여 편의 많은 시가 실린 시집 《여백의 길》 속으로 들어가 보기로 한다.

2.

박홍균의 시는 대부분이 긴 형태의 시는 없다. 그의 시는 대체로 짧고 단순 명쾌하다. 이미지와 이미지를 연결하기 위한 어떠한 장치도 필요치 않다. 그렇다고 1차적 정서를 말하는 것은 아니다. 그의 시를 곱씹어 읽다보면 행간에 숨어 있는 묘한 삶의 여백들이 꿈틀거리고 있음을 안다. 시의 행간에는 화자만의 연륜이 깊이 묻어 있음을 알 수 있다. 시는 시간을 응축해 놓은 작가의 창작물이기에 그렇다는 이야기이다.

어느 날
추가로 얻어온 여백
어루만지다
날아가 버렸네

두고

두고

아쉬워

이제는

미련

버리려네

– 〈여백〉 전문

위 글의 느낌으로 보면 과거의 현실과 단절된 고통으로부터 살아남음에 대한 자신의 삶에 새로운 의미를 부여했지만 이 또한 삶의 신음만 하다 날아가 버렸다 한다. 인간이 세상을 살아가는 태도는 여러 가지가 있다. 그중에서도 화자는 적극적인 삶을 살고자 노력하였으나 어찌된 운명에 순응하는 태도— '이제는 /미련/ 버리려네'로 담담하게 세상을 받아들이는 모습으로 비춰진다.

여백의 이미지는 아쉬움이 녹아있고, 내면에 자기성찰이 차지하고 있다. 박홍균의 시의 형태는 세상에 대한 미련과 함께 스스로를 재촉하는 아쉬움이 함께 존재하면서 서로가 서로를 다독이는 형제처럼 지혜의 눈으로 세상을 바라본다.

외진 곳에 틀어박혀

그리움에 치 떨 때

떠나간 그리움

목말라하네

선뜻
다가올 그림자
보이지 않고

멀리
뭉게구름
한가하네

어서
가자고 하는
낯선 목소리

– 〈낯선〉 전문

시인이 살아온 시간은 아마도 헤아릴 수 없이 멀고도 길었을 것이다. 화자는 이미 떠나온 자기 삶에 대한 성찰이나 회고 혹은 고통을 뱉어내려는 몸부림에 아마도 세상과의 단절도 생각해 보았을 것이다. 그리하여 그는 '외진 곳에 틀어박혀/ 그리움에 치 떨 때'(1연 1, 2행)라는 목소리를 내고 있으며, '어서/ 가자고 하는/ 낯선 목소리'(4연)를 들었는지도 모른다. 그렇다고 또 현실을 외면하지도 않는다. 다음 작품을 본다.

선뜻
앉고 싶지 않은
경로석

숨길 수 없는
외모
돌려 세우고

체의 가면 쓰고
아닌 체
젊은 체

그러나
어쩔 수 없는
굽은 등
- 〈체〉 전문

인생의 황혼과 노추老醜는 누구에게나 다가오는 피할 수 없는 숙명이라는 것을 깨닫는다. 심각한 노인문제를 안고 있는 현실을 보여주는 작품이다. 인구의 노령화는 비록 우리나라뿐만이 아니라 전 세계적인 문제로 떠오르고 있다. 순수한 시인의 심성이 느껴진다.

3.

시인의 길이란 자신의 삶을 이어가는 의미를 가질 때 시인이란 존재의 옷을 입는다. 영국의 신비평의 길을 연 I. A. 리처드가 말했듯이 사람의 일상적인 삶과 정서가 작품의 주제나 소재로 활용될 때에는 작가가 살아온 삶의 자취나 더듬어 온 흔적이 중요한 체험으로 생성되어 언어적으로 표출되는 것은 당연하다고 할 수 있다.

현대시가 갖는 기능이나 효율은 인생과 자연 혹은 인생의 존재에 대한 발현을 통해 고뇌와 갈등이 성찰되고 충돌과 화해하는 방법을 시의 본령에 투영하는 것이다. 박홍균 시인이 지향하는 시적 원류는 노년의 삶에 대한 회고와 분출을 아무런 수사나 기교 없이 시를 통해 담담하게 묘사하고 있다는 것이다.

밀려나는 세월
서운해
밤 잠 설치네

그 많던 애환
낙엽에 밀리어
흔적도 없고

애착의 끄트머리
잡으려 해도
잡히지 않네

황혼의 한 귀퉁이
자리 잡으려
허둥대네

– 〈황혼〉 전문

박홍균 시인의 시는 자신의 이미지와 성품만큼이나 깔끔하다. 구차한 변명도 없다. 과거 삶의 궤적軌跡들을 잡으려 몸부림치지만 결국 모든 생각과 행동을 접고 자연스러운 순리에 맡기는 현실을 택하는 엉거주춤한 태도를 보이고 있다. 그만큼 시인은 노년이 두려운 것이다. 그래도 그 자리만큼이라도 잡기 위해 밤잠까지 설치는 고된 삶의 호흡을 계속하고 있음을 느끼게 한다.

'살며시 고개 드는/ 부질없는 추억/ 민망스럽네// 하나같이/ 탐탁치 못해/ 원망스럽고// 어설픈 내일/ 미덥지 못해/ 어정쩡한 오늘'(시-어제와 오늘) 이라는 자아와의 상호 화해와 충돌 속에서 그의 말처럼 혼란한 내면(어정쩡한 오늘)을 보여주고 있다. 이는 몸부림치는 것은 자연의 질서가 아니라 인간이 노년에 대한 존재를 받아들일 수밖에 없는 현실을 안타깝게 여기는 나약한 존재의식을 여실히 드러내고 있다는 사실이다. 그럼에도 박홍균 시인은 행복을 찾는 비결을 안다. 그것은 바로 그가 유일한 노년의 지향점인 시 쓰기이다.

난
네가 있어
행복하다

누가 알세라
꼭꼭 숨겨둔 속내
터질 것 같은 분노

뜬 구름 같은 미래

네가 있어
털어 놓고
웃고 울고
한숨 쉴 수 있어 좋다

나는
너를
평생 두고
잊지 않으리

– 〈시 가 있어〉 전문

박홍균 시인은 이제 시가 있어 행복하다. 그는 시를 통해 자신의 삶의 모든 것들을 풀어내고 있다. 자신을 지향하는 존재 방향으로 혹은 인생관에 대한 소회를 군더더기 없이 시인의 삶이 묘사되고 있다. 시를 통해 과거에 고통으로 신음했던 인생을 벗어나고자 한다. 그러면서 그가 인생의 한계를 뛰어넘어 시인으로서 자아를 찾는 과정은 아직도 멀고 먼 사막 길을 걷는 것과 같다. 현실과 부딪치는 그의 고뇌는 넘친다.

어쩌면
한순간의
쾌락으로 다가와

평생을

담고 있는

너

희로애락

뭉개어

한 덩이 되니

다음

두 손 놓을 때

고맙다 인사하리

– 〈시상〉 전문

실패와 절망으로 점철된 화자의 참된 인간의 본질 앞에 시는 그의 구도자요 신앙적 염원이기도하다. 따라서 박 시인의 작품성을 따지기에 앞서 한 노시인이 살아가는 길이 시이고 시 속에서 삶의 의미와 행복을 찾으며 상처에 치유 받고 위로 받을 수 있다는 의미에 방점을 찍는 것이 타당하리라 본다.

4.

쉽게 달구어 지고

쉽게 느끼는 쾌락

은밀함이 있어

잠시 스치는
바람결에도
만끽할 수 있던
젊음이

언제였나 싶고
그랬었나 싶은
멍멍함

숫제
전혀 기억나지 않았음
좋으련만

– 〈젊음이〉 전문

박홍균 시인을 보면 끈질긴 삶의 진원에 이르는 감수성을 보게 된다. 이 시는 젊은 날 삶에 대한 애착을 드러내고 있다. 잠시 스치는 그 연약한 바람결에도 만끽할 수 있었던 젊음을 노래하고 있다. 그가 살았던 젊음이 어떠했는지를 말하고 있지는 않지만 상당한 애착과 적극적이고 긍정의 세계를 살아왔지 않았을까 유추해보는 것이다. 그 은밀함이 이제는 아예 기억에서 사라지기를 바라고 있는 노시인의 마음을 헤아리기는 이 시를 통해서는 불가능할 것 같다.

새로운 깨달음 얻고자

참선하는 스님처럼
참회하네

무한한 염원
끝이 없어
동구 밖 헤맬 때

손 흔들어
다가오는 오늘
부담이 돼

내일은
달맞이하러
뒷동산 오르려네

- 〈내일은〉 전문

화자는 고백한다. '새로운 깨달음 얻고자/ 참선하는 스님처럼/ 참회하네'(시 1연), 삶이란 명제에 확신을 주는 대목이다. 박 시인의 대부분의 시들은 과거 삶에서 겪은 체험들을 끄집어내는 회상모드가 대부분 차지하고 있다. 이러한 의식을 통해 젊음을 보상받고자 하는 화자의 절실한 삶의 애착이 드러난다 할진대 〈내일은〉 이라는 작품에서는 아이러니 하게도 '손 흔들어/ 다가오는 오늘/ 부담이 돼'라는 현실이 부담스러움을 감추지 않고 있다. 그러면서 내일에 대한 안목을 가지고 뒷동산에

오르려 한다는 말은 과거의 아픔을 극복하고 살아가려는 즉 종교심을 찾지 않고서는 혼란스러운 내면의 평정심을 얻기 어려운 현실을 이야기하고 있다 할 것이다.

5.

박홍균의 시들은 과거에 대한 회한과 노년에 대한 두려움, 아쉬움 한탄 그리고 사랑에 요소들이 거의 대부분이다. '하루를 벗 삼아/ 살려했는데// 점점/ 오그라드는/ 팔과 다리/ 어찌하고// 더러/ 생각나는/ 마누라의/ 옆자리// 생체의 어긋남/ 괴로워하는/ 노신// 노신의 하루/ 괴롭다(시-노신의 하루) 전문. 인간의 원초적 본능은 인간에게 무엇인가? 또 인간의 존재는 무엇인가? 아마도 사랑과 고해苦海라는 말이 근접하지 아닐까 생각해 본다. 특히 육체적 사랑을 참는다는 말은 당사자에게는 혹독하지 않을 수 없는 일이다. '어쩌다 잠시/ 성적 충동으로/ 마누라에게 손 내밀면/ 주책없다 면박 받고// 돌아앉아 생각하면/ 분노가 치솟아/ 어찌할 바 모르겠네// 칠순 지났다고/ 억제해야 하는/ 새삼스러울 것 없는 현상/ 누구에게 하소연 하랴' (시-현상) 전문. 80세를 향해 가는 그의 인간적 성에 대한 감정의 앙금을 드러내고 있다. 세계적으로 사랑을 이야기하지 않은 시인이 어찌 없을까 마는 유독 박홍균 시인은 육체적 사랑 그 갈망 채울 수 없는 자체를 담담히 때로는 격정의 목소리로 풀어내고 있다. '아흔여덟 살이 돼도 사랑은 하는 거야. 물론 꿈도

꾸지. 구름도 타보고 싶고'-〈시바티 도요〉 시 인용, 도요의 시를 굳이 이야기하지 않아도 인간의 사랑은 끝이 없나 보다.

주객의 발길질
산으로 치솟고
성난 등산객
자갈밭 헤매네

고요 안고 있는 산세
멀리 달아나
도시의 소음
흘러넘치네

험한 산길
구름 잡고 오르니
발아래 풍경
허름하네

-〈길〉 전문

살아있다는 것과 살고 있다는 의미는 다르다고 본다. 살아있다는 의미는 무엇인가에 기대어 도움을 받는 뜻을 말하는 것이고 살고 있다는 말은 자발적이라는 것에 이 둘은 차이가 있다. 박홍균의 시는 전자에 가깝다는 인상을 주기에 충분하다. 삶에 대한 적극성보다 오히려 과거에 안주하려는 의도와 함께 좌절과 회의를 드러내고 있다는 사실이다. 그에 대한 생은 곧 삶이 고통을 주었고 그 과거의 아픔을 벗어나기 위한 반응을 보이는 것일 뿐 다른 어떤 명료함을 발견하기 어렵다는 점이다.

6.

시인은 스스로 던진 질문에 근접하려는 탐색자이다. 박홍균의 첫 시집 『여백의 길』은 시제에서 알 수 있듯 인간의 존재에 대한 의식에 바탕을 둔 삶을 향한 격정이 묻어나고, 흘러간 세월을 회고하며 성찰하는 모습을 볼 수 있다. 또한 노년의 삶에 대한 갈등과 불안이 감지되지만 시 쓰기를 통해 스스로 치유하고 위로 받는다. 얼마의 시간이 남아 있을지는 모르지만 주어진 삶을 성찰의 시간으로 승화하기 위한 격한 내면을 육화하고 있다. 앞서에서도 이야기했듯이 그의 시 쓰기는 삶의 전부이자, 사는 깊이를 알아가는 긍정의 안식처이기도 하다. 아직은 미약하지만 살기 위한 방도 찾기에 깊은 페이소스가 시적 흐름에 울림을 준다. 정신이 허약해지고 염려되는 시대, 진실이 흔들리는 시대를 살면서 새삼 돌아볼 것이 문학과 신앙의 가치가 아닌가 생각해 본다. 작품성을 따지기에 앞서 한 노시인이 살아가는 길이 시詩이고 시詩 속에서 삶의 의미와 행복을 찾으며 위로 받을 수 있다는 것만으로도 박홍균 시인은 첫 시집 도전에 충분히 성공했다고 본다.